M000279493

Lucas sur la route

Léo Lamarche

HACHETTE
Français langue étrangère

www.hachettefle.fr

Dans la même collection :
Rémi et le mystère de Saint-Péray d'Annie Coutelle, niveau A1
La nuit blanche de Zoé de Mirela Vardi, niveau A1
Thomas et la main jaune d'Éric Vattier, niveau A1/A2
Le Blog de Maïa d'Annie Coutelle, niveau A1/A2
Julie est amoureuse de Michel Guilloux, niveau A2
Julie et le bateau fantôme de Adam Roy, niveau A2
Nico et le village maudit de Henri Lebrun, niveau A2
Maxime et le canard de Patrick Dannais, niveau B1
Emma et la perle blanche de Danièle Hommel, niveau B1

Couverture : Anne-Danielle Naname
Conception de la maquette intérieure : Isabelle Abiven
Mise en pages : Anne-Danielle Naname
Illustrations : Matthieu Forichon
Rédaction des activités et Secrétariat d'édition : Cécile Schwartz

ISBN : 978-2-01-155675-2
© HACHETTE Livre 2009, 43, quai de Grenelle, 75905 Paris CEDEX 15.

Tous les droits de traduction, de reproduction et d'adaptation réservés pour tout pays. La loi du 11 mars 1957 n'autorisant, aux termes des alinéas 2 et 3 de l'article 41, d'une part, que « les copies ou reproductions strictement réservées à l'usage privé du copiste et non desti-nées à une utilisation collective » et, d'autre part, que « les analyses et les courtes citations » dans un but d'exemple et d'illustration, « toute représentation ou reproduction intégrale ou partielle, faite sans le consentement de l'auteur ou de ses ayants droit ou ayants cause, est illicite » (Alinéa 1 de l'article 40). Cette représentation ou reproduction, par quelque procédé que ce soit, sans autorisation de l'éditeur ou du Centre français de l'exploitation du droit de copie (20, rue des Grands-Augustins, 75006 Paris), constituerait donc une contrefaçon sanctionnée par les articles 425 et suivants du Code pénal.

Sommaire

Chapitre 1

Les résultats du bac

– Ça ira, Lucas ?

– Oui papa. Enfin, je crois…

Nous sommes le 2 juillet, c'est le jour des résultats du bac[1]. Lucas n'est pas rassuré[2]. Une

---

1. Le bac (abréviation de *baccalauréat*) : l'examen passé à la fin du lycée. C'est aussi le nom du diplôme obtenu.

2. Être rassuré : ne plus avoir peur.

foule d'élèves est réunie dans la cour du lycée et tous les regards sont posés sur les panneaux d'affichage[3]. Chacun, à tour de rôle, cherche son nom dans la liste. Il y a des cris de joie et des larmes parfois, quand le nom n'y est pas.

Lucas et son père s'approchent des panneaux. L'adolescent a une boule dans la gorge. S'il a raté l'examen, il restera encore un an au lycée. Mais s'il a réussi, un autre problème se pose : qu'est-ce qu'il va faire ? quelles études choisir ? quel métier exercer ? Il n'a aucune idée !

Tout à coup, Julie lui saute au cou et lui fait une bise sur chaque joue.

– Tu l'as, Lucas ! Tu as ton bac ! On est tous les deux sur la liste !

Lucas sourit, soulagé et inquiet aussi. Il se demande ce qu'il va faire de sa vie.

Dix jours plus tard, c'est déjà les vacances. La famille a fêté le bac de Lucas au champagne. L'adolescent a demandé à ses parents de partir quinze jours avec ses copains, Maxime et Julie, dans les Alpes[4]. Ils ont bien mérité des vacances !

---

3. Un panneau d'affichage : un tableau où les résultats sont accrochés.
4. Les Alpes : une chaîne de montagnes entre la France et l'Italie.

Maxime aussi car il passe en terminale[5] malgré ses mauvaises notes en anglais. Lucas veut visiter le parc du Queyras, une réserve naturelle[6] avec des animaux sauvages et de très beaux paysages. Le site Internet du parc lui avait donné des envies d'aventure.

Une semaine après, tout est prêt : le train et le camping sont réservés. Les trois amis vont aussi dormir dans un refuge du Queyras, en pleine

---

5. La terminale : la dernière année au lycée avant le passage du bac.

6. Une réserve naturelle : un espace où les plantes et les animaux sont protégés.

nature. Heureusement, ils ont réuni assez d'argent pour leur voyage. Julie a donné des cours à des enfants, Maxime a sorti tous les soirs le chien de son grand-père et Lucas a travaillé dans un fast-food.

Lucas pense à ses vacances pour ne pas penser à son avenir. Il regarde de loin le tas de papiers posés sur son bureau. Des documents de toutes sortes : offres d'écoles privées, offres de stage[7], publicités pour des études courtes ou longues, mais toujours des études. Lucas en a un peu assez d'étudier. C'est difficile de choisir, quand on ne sait pas quoi faire plus tard !

Mais pour le moment, il pense à ses vacances, il part demain. Il réfléchira à l'avenir quand il rentrera !

---

7. Un stage : un travail que l'on fait pendant ou après ses études pour découvrir et apprendre un métier.

Chapitre 2

Des vacances ratées ?

— **L**ucas, n'oublie pas ton pull et ton écharpe ! Les nuits sont froides en montagne.

– Oui m'man. J'ai aussi pris mon blouson.

Le sac à dos de Lucas est ouvert sur son lit, il contient des tee-shirts, deux pantalons, des chaussettes et une deuxième paire de baskets.

Lucas est heureux de partir loin de l'air pollué[1] de la ville, des voitures et des gens pressés qui le bousculent sans s'excuser. La météo annonce du beau temps. C'est bon signe. Quinze jours en pleine nature avec ses amis : le rêve !

Le téléphone sonne. La tête de sa mère apparaît à la porte.

– Lucas, c'est pour toi.

– J'arrive !

Lucas espère que c'est Julie qui rappelle. Hier elle est tombée de vélo et elle a mal à la cheville. Si elle ne peut pas marcher, elle ne pourra pas les suivre jusqu'au refuge. Lucas espère qu'elle va mieux.

Mais non, ce n'est pas Julie, c'est Maxime. Il a une drôle de voix.

– Allô, Lucas ?

– Salut, Max, ça va ?

– Oui… Enfin non, pas terrible. Mon bulletin scolaire[2] est arrivé et mon père n'est pas content. Mais pas content du tout.

– Ah… Et alors ?

– Il m'a inscrit à un stage d'anglais pour trois semaines, je pars demain pour Londres.

---

1. Pollué : sale, difficile à respirer.
2. Un bulletin scolaire : un document avec les notes de l'élève.

La catastrophe.

– Tu me laisses tomber[3], Max ?

– Non… Enfin, oui. Je suis obligé d'y aller et je n'ai vraiment pas envie ! Quand tu seras dans les Alpes, tu penseras à moi, enfermé dans une salle de classe à répéter *My taylor is rich*… Tu as de la chance, toi !

Lucas raccroche, il est effondré[4] ! Ses deux meilleurs amis l'abandonnent ! Ses vacances sont à l'eau[5], il ne sait plus quoi faire ! Partir seul ? Ne

---

3. Laisser tomber (fam.) : abandonner.

4. Être effondré : être déçu par une nouvelle.

5. À l'eau (fam.) : annulé.

pas partir ? Il réfléchit et il ferme les yeux. Il revoit les photos des paysages de montagne, il a même l'impression de sentir le vent, avec ses odeurs de fleurs sauvages. C'est décidé ! Il partira quand-même sans eux !

– Il n'est pas question que tu partes seul ! affirme sa mère.

– Mais, maman…

– Et pourquoi pas ? demande son père. Après tout, il a dix-sept ans ! Je pense qu'il est capable de se débrouiller[6] tout seul et d'être responsable.

Monsieur Dorian se tourne vers Lucas :

– Il est temps pour toi d'être adulte. Tu peux partir, Lucas, si tu n'as pas peur de la solitude[7].

Non, il n'a pas peur de la solitude, il ne sait pas encore ce que c'est.

---

6. Se débrouiller : agir tout seul.

7. La solitude : le fait d'être isolé, sans personne.

Chapitre 3

Seul
sur la route

Mardi 11 juillet

Ce matin, départ à six heures et demie pour la gare de la Part-Dieu. J'ai pris le train jusqu'à Briançon. J'ai visité la vieille ville de pierre, avec ses petites rues et ses remparts en haut du rocher : comme un château fort ! Ensuite, bus jusqu'à Saint-Véran, une ville cachée dans la montagne. Le camping est très agréable. C'est ma première nuit de vraie solitude, sans mes parents, sans mes amis et sans mon petit frère qui ronfle dans sa chambre, à côté de la mienne. Demain, la montagne et les longues marches en solitaire[1]. Et l'aventure, peut-être, au bout du chemin...

---

1. En solitaire : seul.

Lucas s'allonge et ferme les yeux. Il a un peu froid mais bientôt, le sommeil l'emporte.

Un rayon de soleil, à travers la toile de tente, le réveille. Le temps est superbe. Lucas achète des croissants à la boulangerie et se met en route vers le refuge, à une vingtaine de kilomètres de là. Il part d'un bon pas, à travers les champs de fleurs sauvages et les rochers. Le paysage est magnifique. Chaque fois qu'il se retourne, Lucas a l'impression que son cœur s'élève vers les nuages. Derrière lui, la vallée devient minuscule et Lucas avance joyeusement, cheveux au vent. Il siffle un air gai puis chante à pleine voix « L'hymne de nos campagnes » de Tryo, un groupe de reggae qu'il aime bien.

C'est l'hymne de nos campagnes

De nos rivières, de nos montagnes

De la vie man, du monde animal

Crie-le bien fort, use tes cordes vocales !

Soudain, il entend quelqu'un siffler. Lucas regarde autour de lui. Personne. Juste une marmotte debout sur ses pattes arrière, qui siffle à nouveau et disparaît. Lucas éclate de rire.

Il tend l'oreille et perçoit tout à coup un bruit de voix, un bruit de pas. Trois adolescents arrivent dans le sens opposé sur le sentier[2]. Lorsqu'ils se croisent, ils lui lancent un grand « bonjour ». Les marcheurs plaisantent entre eux en s'éloignant. Là fille trébuche[3] et pousse un petit cri, les deux garçons rient. Et tout à coup, Lucas sent son cœur se serrer. Julie et Maxime lui manquent. C'est difficile d'être vraiment heureux seul, sans amis pour partager ses joies.

2. Un sentier : un petit chemin.

3. Trébucher : faire un faux pas, perdre l'équilibre.

Mercredi 12 juillet

En rentrant, je leur ferai lire mon carnet de voyage. Ils pourront ainsi partager ce que j'ai vécu et je me sentirai sûrement moins seul.

J'ai pris deux photos aujourd'hui.

Sur la première, on voit Saint-Véran minuscule, avec des montagnes au loin couvertes de neige, et un grand ciel bleu sans nuages. C'est vrai que nous sommes petits, nous les hommes, face à notre planète. Et pourtant, cette Terre, nous ne la respectons pas. On la salit, on la pollue, on gaspille[4] ses ressources... et après ? Quel avenir se prépare ?

La deuxième photo, c'est le visage d'Albert qui sourit à travers ses rides. Sa casquette cache des yeux malins. J'ai rencontré le vieux berger[5] vers midi, il était assis sur un rocher pour déjeuner. Il surveillait ses moutons, son chien couché à ses pieds. Je lui ai demandé s'il ne s'ennuyait pas, tout seul dans la montagne. Il m'a répondu : « Je n'ai pas le temps de m'ennuyer, mon garçon. Garder un troupeau[6], c'est du travail. Vous ne vous rendez pas compte, vous les gens de la ville, les bêtes peuvent se sauver en un clin d'œil[7] et se casser une patte. Et puis il y a aussi des loups, ces sales bêtes... » D'un geste, il m'a montré son fusil posé à côté de lui, et j'ai frissonné. Je ne pense pas que le loup est une sale bête, il a le droit de vivre, comme les autres.

---

4. Gaspiller les ressources : utiliser les énergies de la Terre sans faire attention.

5. Un berger : une personne qui garde les moutons.

6. Un troupeau : un ensemble d'animaux de la même espèce élevés ensemble.

7. En un clin d'œil : très vite.

Chapitre 4

L'orage

Lucas s'éloigne des terres habitées. Devant lui, la nature sauvage, les rochers et, tout là-haut, le sommet des montagnes et les neiges éternelles. Il grimpe sans s'arrêter, il ne croise plus personne. Bientôt, un torrent[1] apparaît. Il y a un petit pont de bois mais il est cassé. Impossible de traverser.

---

1. Un torrent : une rivière de montagne avec beaucoup de courant.

C'est peut-être la fin du voyage.

Lucas pose son sac à dos dans l'herbe, près de la rive[2] et réfléchit. Chercher un autre pont ? Non, il risquerait de se perdre. Perdu au milieu de nulle part ! Pas de solution... Il se trouve bien seul. Il se demande alors ce qu'il fait là, il pense revenir sur ses pas, rentrer à Lyon et... « Non ! Pas question de renoncer[3] ! » pense Lucas. « Après tout, je suis un homme ! » Il doit réussir à passer à pied.

Il faut d'abord descendre le ravin[4]. Lucas s'accroche aux rochers et descend lentement, pour ne pas risquer de tomber. Arrivé en bas, il marche dans l'eau, saute d'une pierre à l'autre. Maintenant il doit remonter. Heureusement, Lucas adore l'escalade : il grimpe près du rocher et fait des mouvements lents et précis. Son sac à dos lui tire les épaules. Quand il arrive enfin en haut, il pousse un cri de victoire ! Il se sent grand, puissant et libre ! Ses chaussures, son pantalon et son sac à dos sont mouillés mais il est fier de lui.

Après une petite heure de marche, Lucas arrive devant une forêt épaisse et sombre. Il faut la traverser pour rejoindre le refuge. Lucas ne voit

---

2. La rive : le bord du torrent.

3. Renoncer : ne plus vouloir faire quelque chose.

4. Le ravin : la partie creusée par le torrent.

plus le sentier, il y a beaucoup de ronces[5] et il ne sait plus où aller. Il se dépêche : il fait noir sous les arbres, tout est silencieux et désert.

Jeudi 13 juillet

Dans la forêt, j'étais mort de peur. Je n'ai pas honte de l'écrire. J'ai pensé très fort à vous, tout seul dans le monde sauvage avec le silence des oiseaux et l'orage qui menaçait... brr, j'en avais froid dans le dos !
Je sortais enfin de la forêt quand l'orage est arrivé. À quelques mètres, au bord du chemin, j'ai vu un chalet. Je suis allé me protéger sous la grange[6].

5. Les ronces : des plantes avec des épines.
6. La grange : un bâtiment où l'on met les céréales.

Quelques minutes plus tard, un homme est sorti de la maison et m'a fait signe d'approcher. Je suis entré pour me réchauffer. J'étais trempé.

À l'intérieur du chalet, une simple cheminée et une table.

Roland n'a pas l'électricité, ni l'eau courante, mais il ne vit pas comme un homme sauvage, non, ses murs sont recouverts de livres. Roland, c'est un ancien vétérinaire qui en a eu assez de la ville et a acheté ce chalet perdu dans la forêt.

Il est aujourd'hui garde forestier[7]. Je lui ai demandé si la civilisation[8] lui manquait, il m'a montré ses livres : « Elle est là, Lucas, la civilisation, dans les livres !

Elle date du temps où les hommes respectaient[9] encore leur planète, où les animaux et les hommes savaient vivre ensemble. »

Nous avons partagé son repas. Des truites[10] du torrent, des légumes de son potager[11] et des framboises cueillies près de chez lui. Un délice ! Il m'a proposé de dormir cette nuit sur le canapé.

Le lendemain matin, Roland attend Lucas dans la cuisine devant un bon café. Il fait beau, la pluie s'est arrêtée et les nuages s'éloignent. Les oiseaux chantent et le refuge n'est qu'à une demi-journée de marche. Lucas remercie Roland et part, le cœur joyeux. La vie est belle.

---

7. Un garde forestier : une personne qui surveille et protège la forêt.

8. La civilisation : la culture, l'ensemble des arts, des sciences et des techniques d'un peuple.

9. Respecter : faire attention.

10. Une truite : un poisson de rivière.

11. Un potager : un jardin avec des légumes.

Chapitre 5

Au refuge

Jeudi 14 juillet, 22 h 30

C'est ma première nuit au refuge. Je vais rester ici un jour ou deux avant de continuer ma route vers le col Agnel, à 2 744 mètres, près de la frontière italienne. Ensuite, je rentrerai par un autre chemin, en direction de la Pierre-Grosse, jusqu'à Saint-Véran. Je me sens un peu seul. Qu'est-ce qu'il faisait, Robinson Crusoë, seul sur son île ? Il devait s'ennuyer ! Pas de télé, pas de radio, rien... Heureusement, j'ai emporté mon harmonica[1]. Les heures passent plus vite ! Je crois...

1. Un harmonica : un instrument de musique dans lequel on souffle pour faire un son.

Lucas ne termine pas sa phrase. Il vient d'entendre un coup de feu, suivi d'un cri, le cri d'un animal blessé. Il enfile son pantalon en vitesse, prend sa lampe électrique et sort dans la nuit.

Un groupe d'hommes approche. Ils sont quatre avec le fusil sur l'épaule. Et Lucas reconnaît parmi eux Albert, le vieux berger.

– Je crois qu'on l'a eu ! crie le plus petit des quatre hommes.

– Maintenant, il faut le retrouver, répond Albert.

Ils fouillent[2] la forêt et le long du chemin. Lucas leur demande ce qu'ils font là, il est presque minuit et la nuit est noire.

– On chasse[3] le loup ! lui répond Albert. On a eu la femelle et un des deux petits. L'autre, on l'a juste blessé, maintenant, il faut le retrouver. Si tu vois quelque chose, tu nous appelles tout de suite.

---

2. Fouiller : rechercher.

3. Chasser : poursuivre des animaux pour les tuer.

Vendredi 15 juillet

Ah ça, pas question de les aider ! J'ai attendu qu'ils partent et j'ai cherché l'animal dans la nuit, sans rien trouver. Au moment de rentrer me coucher, j'ai entendu un drôle de bruit sous un buisson. C'était à côté de la porte, là où les chasseurs n'avaient pas regardé. Le louveteau, de la taille d'un petit chien était caché, apeuré[4]. Sur son poil gris, des gouttes de sang. Il était blessé à l'épaule et il avait l'air d'avoir très mal. Je me suis approché mais il ne s'est pas sauvé. Il a levé la tête. J'ai vu dans son regard toute la tristesse du monde et ça m'a bouleversé. Je suis rentré au refuge pour chercher une couverture, j'ai pris doucement l'animal dans mes bras. Il n'a pas bougé, il souffrait trop. J'ai décidé de l'emmener chez Roland.

4. Être apeuré : avoir peur.

Roland se penche sur le louveteau, désinfecte[5] la blessure et l'observe avec attention.

– La blessure n'est pas belle, déclare-t-il, mais aucun organe vital[6] n'a été touché. Le petit doit se reposer. Vous pouvez rester ici quelques jours tous les deux, tu t'occuperas de lui. Nous appellerons le centre de soins pour les animaux blessés s'il ne va pas mieux. Et si le petit guérit, nous le remettrons dans la nature. Tu es d'accord ?

– Oh oui !

Lucas est heureux d'accepter, et tant pis pour sa randonnée[7] au col Agnel. S'il n'y va pas cette fois-là, il reviendra ! Il préfère rester avec Roland. C'est un homme sympathique au regard clair, qui respecte les autres, les animaux, les plantes. Sa vie dans la nature lui a donné une grande sagesse[8] et Lucas adore l'écouter parler de la montagne. Il pourrait l'écouter pendant des heures...

---

5. Désinfecter : nettoyer une blessure pour enlever les microbes.
6. Un organe vital : une partie du corps utile pour vivre, comme le cœur ou les poumons.
7. Une randonnée : une grande promenade en montagne.
8. La sagesse : vivre heureux avec simplicité et tranquillité.

Chapitre 6

Billy

Vendredi 16 juillet

Le louveteau, je l'ai appelé Billy, comme Billy the Kid car il est courageux. Roland pense qu'il a cinq ou six mois. Il a déjà un beau pelage[1] argenté. Pour le moment, il dort. Je l'observe. Parfois, il semble rêver et ses pattes s'agitent. Parfois, il pleure doucement et je le caresse pour le rassurer[2].

---

1. Le pelage : les poils d'un animal.
2. Rassurer : calmer.

Roland m'a raconté que des familles de loups traversent les Alpes depuis le Moyen Âge. Et, depuis cette époque, les bergers chassent les loups car ils attaquent leurs poules et leurs moutons. Et ils les tuent. Ça n'est pas juste !

Dimanche 18 juillet

Billy a un peu mangé ce matin, Roland est content, il dit que c'est bon signe. Billy, c'est une boule de poils adorable. Il devient moins sauvage. Selon Roland, les animaux ont un grand cœur. Il a peut-être raison. En tout cas, moi je n'ai jamais eu d'animal, mais je m'attache[3] à lui. Je vais rester encore quelques jours chez Roland, je repartirai quand Billy ira mieux.

Mardi 20 juillet

J'ai accompagné Roland aujourd'hui dans la forêt, je portais son matériel pour soigner les arbres. Il fait un métier passionnant, il protège la nature des chasseurs et de tous ceux qui veulent la détruire. Il connaît le nom de toutes les plantes, de toutes les fleurs. Les fleurs de bourrache[4] par exemple, les abeilles les adorent. Nous en avons récolté[5] quelques poignées pour la salade, ce soir. Au retour, il m'a aussi montré un aigle au-dessus de nos têtes. Billy recommence à marcher. Il est encore faible, mais il va mieux et il est très affectueux. Je suis si heureux !

Jeudi 22 juillet

J'ai joué toute la journée avec Billy, il a l'air en forme. Sa blessure a cicatrisé[6], il y a seulement une grosse trace blanche là où la balle l'a touché. Il ne me quitte pas. Je ne sais pas ce que je vais faire quand je vais repartir. L'emmener avec moi ? Ce n'est pas raisonnable. L'abandonner ? Je l'aime déjà trop pour cela. Rester avec lui chez Roland ? Ce serait l'idéal. Plus d'études, plus de soucis[7] d'avenir, mais aussi plus de famille, ni de copains... non, ça non plus, ça ne peut pas se faire. Je dois rentrer.

---

3. S'attacher à quelqu'un : se sentir proche, aimer.

4. La bourrache : une plante à fleurs bleues.

5. Récolter : cueillir.

6. Cicatrisé: guéri.

7. Un souci : un ennui.

La nuit tombe. Roland a allumé un feu dans la cheminée. Tout est calme. Soudain, on entend au-dehors un long cri aigu, celui d'un loup solitaire. Billy, qui dormait aux pieds de Lucas, se lève d'un bond et court à la porte. Il se met à gratter comme un fou.

– C'est le moment, je crois, dit Roland. Le moment de rendre Billy à la vie sauvage.

– Vous êtes sûr qu'il va bien ? demande Lucas. On pourrait le garder encore quelques jours…

– Tu t'es attaché à ce loup, n'est-ce pas ? demande Roland de sa voix grave.

– Oui, beaucoup. Si je pouvais… je le garderais bien avec moi.

– Mais tu sais bien que c'est impossible ! Dans quelques jours, tu rentres à Lyon et il n'y a pas de place dans ta vie pour Billy.

Lucas ne répond pas et baisse la tête. Roland ouvre la porte et Billy s'enfuit dans la nuit.

– Au revoir Billy, dit Lucas tout bas. Prends soin de toi !

Sur la joue de Roland aussi, une larme coule.

Chapitre 7

Une vie de rêve

Vendredi 23 juillet

Pour oublier le départ de Billy, Roland me propose de rester avec lui quelques jours. Comme ça, je l'accompagnerai en montagne. C'est génial car son travail m'intéresse. Il soigne les arbres, protège la forêt, et apprend aux marcheurs à respecter la nature. J'aimerais l'aider pour le remercier de tout ce qu'il a fait pour moi. Si mes amis pouvaient voir comme c'est beau ici, comme c'est calme et tranquille. Une vie de rêve !

Dimanche 25 juillet
Demain, c'est le départ. J'ai demandé à Roland comment le remercier pour sa gentillesse. Il m'a répondu : « Je serai content si tu trouves ta voie[1], Lucas. »
Mais quelle voie ? Je ne m'imagine pas dans un bureau, en ville, ou sur un chantier[2], non. J'ai plutôt envie de nature, de vivre parmi les animaux. À moi de découvrir ce que je vais faire de ma vie.

Lucas dit une dernière fois au revoir à Roland et prend le chemin du retour, direction Saint-Véran. Si tout se passe bien, il y sera avant la nuit.

Il ne joue pas d'harmonica : il veut profiter du chant des oiseaux. Il n'ose pas siffler en marchant, pour ne pas troubler[3] la tranquillité des montagnes. Il regarde le ciel et espère voir un aigle.

Quelque chose a changé dans sa vie : il n'a plus peur. Ni la forêt épaisse, ni la rivière sans pont, ni les animaux sauvages ne l'arrêtent. Roland et Billy lui ont appris que la nature est son amie et qu'il faut la protéger.

Lucas se souvient du tas de papiers qui l'attend sur son bureau. Parmi eux, il y avait un document sur l'École nationale des eaux et forêts. Deux ou trois ans d'études, et il pourrait être ingénieur[4]

---

1. Trouver sa voie : trouver son chemin, savoir ce que l'on veut faire comme métier plus tard.
2. Un chantier : un lieu où l'on construit un bâtiment.
3. Troubler : déranger.
4. Un ingénieur : une personne qui a fait des études scientifiques.

forestier et vivre en pleine nature. L'idée lui plaît
beaucoup.

Devant lui, le chemin s'allonge, mais Lucas a
maintenant un but. Il n'est plus seul, sur la route.

Activités

Chapitre 1

Coche la bonne réponse.

1. Lucas est :
a. au collège. ◯
b. au lycée. ◯
c. à l'université. ◯

2. Sur les panneaux d'affichage, Lucas cherche :
a. la date de l'examen du bac. ◯
b. l'adresse de sa future école. ◯
c. son nom dans la liste. ◯

3. Julie et Lucas :
a. ont réussi l'examen. ◯
b. passent en terminale. ◯
c. ont raté l'examen. ◯

4. Lucas part en vacances avec :
a. Maxime. ◯
b. son père. ◯
c. Julie et Maxime. ◯

5. Les trois amis vont :
a. faire du camping en montagne. ◯
b. faire du bateau en Bretagne. ◯
c. travailler tout l'été. ◯

6. Lucas est inquiet car :
a. il a perdu les offres de stage. ◯
b. il ne sait pas quoi faire l'année prochaine. ◯
c. il n'a pas trouvé de travail pour l'été. ◯

Vrai ou faux ? Justifie ta réponse.

	Vrai	Faux
1. Bac est l'abréviation de baccalauréat.	☐	☐
2. L'examen du bac a lieu en fin d'année scolaire.	☐	☐
3. Le bac est un examen pour passer en terminale.	☐	☐
4. Lucas a reçu ses résultats par courrier.	☐	☐
5. Lucas a terminé ses études au lycée.	☐	☐
6. Maxime a passé le bac.	☐	☐
7. Après le bac, il faut faire un stage.	☐	☐

 Complète cette publicité sur le parc du Queyras.
les Alpes – refuge – l'aventure – réserve –
Queyras – sauvages

Venez dans _____
et **découvrez**

du .... 🍃 **Le parc**

▶ Cette _____ naturelle
est le **lieu idéal** pour partir à _____
_____ dans la montagne.

▶▶ Vous pourrez **observer** les plantes
et les animaux _____

▶▶▶ Et pourquoi pas, dormir dans un
_____ en pleine nature !

Chapitre 2

4 **Entoure ce qu'il y a dans le sac à dos de Lucas.**

un pull – un maillot de bain – un blouson – une paire de lunettes
– un bonnet – une écharpe – des tee-shirts – un short –
des chaussettes – deux paires de baskets – des gants –
des pantalons

5 **Associe les personnages à leurs mésaventures.**

1. Lucas.

2. Julie.

3. Maxime

a. a mal à la cheville.

b. a des mauvaises notes en anglais.

c. part tout seul en vacances.

d. part faire un stage d'anglais à Londres.

e. ne peut pas marcher.

6 **Que signifient ces expressions ?**
Coche la bonne réponse.

1. « Tu me laisses tomber, Max »

a. Maxime fait tomber Lucas par terre. ◯

b. Maxime ne part plus avec Lucas. ◯

c. Lucas veut que Maxime le laisse tranquille. ◯

2. « Ses vacances sont à l'eau. »

a. Il passe ses vacances au bord de la mer. ◯

b. Il pleut beaucoup pendant ses vacances. ◯

c. Ses vacances sont annulées. ◯

3. « Il est capable de se débrouiller. »

a. Il n'a pas besoin d'aide. ◯

b. Il risque de se disputer avec ses amis. ◯

c. Il peut avoir des ennuis. ◯

Chapitre 3

Un seul trajet est correct. Retrouve-le.

1. Le 11 juillet, Lucas prend le train à Lyon et va jusqu'à Saint-Véran. Il visite la ville puis prend le bus, direction Briançon. Là, il passe sa première nuit dans un refuge. Le lendemain matin, il se met en route vers le parc du Queyras.

2. Le 11 juillet, Lucas prend le train à Lyon et va jusqu'à Briançon. Il visite la ville puis prend le bus, direction Saint-Véran. Là, il passe sa première nuit dans un camping. Le lendemain matin, il se met en route vers le refuge du Queyras.

3. Le 12 juillet, Lucas prend le train à Briançon et va jusqu'à Lyon. Il visite la ville puis prend le bus, direction Saint-Véran. Là, il passe sa première nuit dans un hôtel. Le lendemain matin, il se met en route vers le refuge du Queyras.

Résous les énigmes et complète la grille. Puis trouve le mot secret avec les lettres des huit cases jaunes.

1. Elle siffle et se met sur ses pattes arrière.
2. C'est le métier d'Albert.
3. Selon Albert, c'est une sale bête.
4. Parfois ils se sauvent et se cassent une patte.
5. Il est couché aux pieds de son maître.

Indice pour le mot secret : c'est l'ensemble des animaux d'un berger.

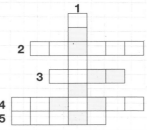

9 **Chasse l'intrus.**

1. rire – plaisanter – siffler – éclater de rire
2. solitude – minuscule – solitaire – seul
3. avenir – présent – futur – lendemain
4. polluer – gaspiller – salir – respecter

10 **Retrouve dans le texte deux expressions avec le mot *cœur*. Que signifient-elles ?**

....

....

....

Chapitre 4

11 **Que doit faire Lucas pour passer la rivière sans pont ? Complète les six étapes avec les verbes du récit et remets-les dans l'ordre.**
grimper – sauter – descendre – s'accrocher – traverser – marcher

1. .... dans l'eau
2. .... le ravin
3. .... près du rocher
4. .... le torrent
5. .... aux rochers
6. .... d'une pierre à l'autre

12a Quels obstacles Lucas rencontre-t-il sur son chemin ? Mets les lettres dans l'ordre.

EGARO

RÊTOF

NITU

SONCER

TENTORR

....

....

 12b Retrouve dans le carnet de voyage les deux expressions qui montrent que Lucas a très peur.

....

....

 13 Des erreurs se sont glissées dans chaque phrase. Corrige-les.

1. Roland est un ancien vétérinaire devenu berger.

2. Roland vit tout seul dans un refuge.

3. Roland vit comme un homme sauvage.

4. Lucas mange des framboises du potager de Roland.

5. Lucas dort dans la grange.

6. Le refuge est à une demi-heure de marche du chalet.

Chapitre 5

14. Coche la bonne réponse.

1. Lucas dort au refuge et :
a. rentre à Saint-Véran. ◯
b. se dirige vers Pierre-Grosse. ◯
c. marche jusqu'au col Agnel. ◯

2. Dans la nuit, Lucas est réveillé par :
a. la voix d'Albert. ◯
b. un harmonica. ◯
c. un coup de feu. ◯

3. Lucas veut :
a. aider Albert à chasser le loup. ◯
b. sauver l'animal blessé. ◯
c. retrouver la femelle avant les chasseurs. ◯

4. Lucas retrouve l'animal et :
a. le cache dans une couverture au refuge. ◯
b. appelle le centre de soins. ◯
c. l'emmène chez Roland pour le soigner. ◯

15. Remets l'histoire dans l'ordre.

1. Il rencontre Albert et trois hommes qui chassent le loup.
2. Une nuit, Lucas entend un coup de feu.
3. Roland désinfecte la blessure du loup.
4. Et Lucas décide de rester chez Roland, le temps de soigner l'animal.
5. Mais Lucas attend le départ des chasseurs et cherche le petit loup.
6. Vite, il prend sa lampe électrique et sort du refuge.
7. Lucas va chercher une couverture et emmène le louveteau au chalet de Roland.
8. Il le retrouve sous un buisson.
9. Albert demande à Lucas de l'aider à retrouver un louveteau blessé.

16 **Associe les mots de même sens.**
1. fouiller
2. s'occuper
3. désinfecter
4. guérir
5. blesser

a. soigner
b. faire mal
c. chercher
d. prendre soin
e. nettoyer

Chapitre 6

17 **Retrouve dans la grille cinq mots qui caractérisent Billy.**

O	R	Z	A	J	U	D	E	Q	M
L	E	S	D	I	A	F	O	U	E
U	P	A	O	S	R	Q	L	I	C
C	O	U	R	A	G	E	U	X	H
M	Y	V	A	B	E	M	A	D	A
E	M	A	B	L	N	O	M	U	N
B	I	G	L	A	T	J	H	E	T
X	H	E	E	N	E	G	S	J	O
A	F	F	E	C	T	U	E	U	X

18 Vrai ou faux ? Justifie ta réponse.

	Vrai	Faux
1. Lucas appelle le louveteau Billy the Kid car il est tout petit.	☐	☐
2. Selon Roland, Billy doit retourner à la vie sauvage.	☐	☐
3. Lucas décide d'abandonner Billy.	☐	☐
4. Billy guérit mais il garde une trace de sa blessure.	☐	☐
5. Un groupe de loups vient chercher Billy.	☐	☐
6. Roland et Lucas sont tristes quand Billy part.	☐	☐

19 Lucas explique le métier de garde forestier à ses amis. Associe les éléments des trois colonnes.

- Il vit
- Il connaît
- Il protège
- Il apprend
- Il sait

- la nature
- seul
- le nom
- soigner
- aux marcheurs

- des plantes et des fleurs.
- des chasseurs.
- dans une réserve naturelle.
- à respecter la nature.
- les animaux blessés.

Chapitre 7

20a Sur le chemin du retour, Lucas est prudent... Trouve pourquoi.

Il a oublié son harmonica – Il veut écouter le chant des oiseaux. – Il a peur des animaux sauvages. – Il ne sait pas siffler. – Il ne veut pas troubler la tranquillité des montagnes. – Il veut marcher plus vite. – Il espère voir un aigle.

20 Lucas a-t-il encore peur d'être seul dans la nature ? Relève la phrase du texte qui explique pourquoi.

....

....

21 Entoure les synonymes du mot *voie*.

la route – le sentier – le pont – la direction – le chemin – le but – le son

22 Aide Lucas à trouver sa voie. Classe les explications de Lucas dans deux colonnes : ce qu'il aime et ce qu'il n'aime pas.

J'ai envie de nature. – Je veux vivre parmi les animaux. J'aime accompagner Roland dans la montagne. – Je ne m'imagine pas dans un bureau. – Le travail de garde forestier m'intéresse. – Je ne veux pas travailler en ville ou sur un chantier.

J'aime	Je n'aime pas

23 Explique le titre de l'histoire : « Lucas sur la route ».

....

....

....

24 Écris la lettre que Lucas envoie au directeur de l'École nationale des eaux et forêts pour s'inscrire.

....

....

....

....

....

....

....

....

....

....

....

....

25 En France, le loup est une espèce protégée. Fais des recherches sur les réserves naturelles où vivent les loups.

Corrigés

 1. b – **2.** c – **3.** a – **4.** c – **5.** a – **6.** b

 1. Vrai – **2.** Vrai – **3.** Faux : on passe le bac en terminale –
4. Faux : il vient chercher les résultats au lycée –
5. Vrai – **6.** Faux : il n'est pas encore en terminale mais
en première – **7.** Faux : on peut aussi continuer ses études
ou travailler.

 les Alpes – Queyras – réserve – l'aventure – sauvages –
refuge

 mots à entourer : un pull – un blouson – une écharpe
– des tee-shirts – des chaussettes – deux paires de
baskets – des pantalons

 1. c – **2.** a et e – **3.** b et d

 1. b – **2.** c – **3.** a

 Trajet 2

```
                 1
                 M
                 A
      2  B E R G E R
                 M
      3    L O U P
                 T
   4  M O U T O N S
   5  C H I E N          Mot secret : TROUPEAU
```

44

1. siffler – **2.** minuscule – **3.** présent – **4.** respecter

 « Lucas a l'impression que son cœur s'élève vers les nuages » : Lucas est heureux.

« Lucas sent son cœur se serrer » : Lucas est triste.

 1. marcher – **2.** descendre – **3.** grimper – **4.** traverser – **5.** s'accrocher – **6.** sauter

Ordre des étapes : 2 – 5 – 1 – 6 – 4 – 3

 orage – forêt – nuit – ronces – torrent

 « J'étais mort de peur » – « J'en avais froid dans le dos »

 1. devenu garde forestier – **2.** dans un chalet – **3.** ne vit pas comme un homme sauvage : ses murs sont recouverts de livres – **4.** mange des légumes – **5.** dort dans la chambre d'amis – **6.** est à une demi-journée de marche

 1. c – **2.** c – **3.** b – **4.** c

 2 – 6 – 1 – 9 – 5 – 8 – 7 – 3 – 4

 1. c – **2.** d – **3.** e – **4.** a – **5.** b

O	R	Z	A	J	U	D	E	Q	M
L	E	S	D	I	A	F	O	U	E
U	P	A	O	S	R	Q	L	I	C
C	O	U	R	A	G	E	U	X	H
M	Y	V	A	B	E	M	A	D	A
E	M	A	B	L	N	O	M	U	N
B	I	G	L	A	T	J	H	E	T
X	H	E	E	N	E	G	S	J	O
A	F	F	E	C	T	U	E	U	X

1. Faux : c'est parce qu'il est courageux – **2.** Vrai – **3.** Faux : il est très attaché à Billy et ne sait pas quoi faire – **4.** Vrai – **5.** Faux : un loup solitaire appelle Billy – **6.** Vrai

Il vit seul dans une réserve naturelle. – Il connaît le nom des plantes et des fleurs. – Il protège la nature des chasseurs. – Il apprend aux marcheurs à respecter la nature. – Il sait soigner les animaux blessés.

20a Il veut écouter le chant des oiseaux. – Il ne veut pas troubler la tranquillité des montagnes. – Il espère voir un aigle.

20b Non, Lucas n'a plus peur d'être seul dans la nature : « Roland et Billy lui ont appris que la nature est son amie et qu'il faut la protéger. »

21 la route – le sentier – la direction – le chemin – le but

46

 Il aime : la nature, vivre parmi les animaux, accompagner Roland dans la montagne, le travail de garde forestier.

Il n'aime pas : travailler dans un bureau, en ville ou sur un chantier.

 Réponse libre

 Réponse libre

Réponse libre

Imprimé en Espagne par Cayfosa - Impresia Ibérica
Dépôt légal : 08/2012 - Collection n° 41 - Edition 03
15/5675/2